Б 55
278

DU DROIT AU TRAVAIL

AUX POINTS DE VUE

THÉORIQUE ET PRATIQUE.

DU

DROIT AU TRAVAIL

AUX POINTS DE VUE

THÉORIQUE ET PRATIQUE.

PAR AM. DIJON.

PRIX : 15 CENT.

AMIENS,

TYPOGRAPHIE D'ALFRED CARON,

Rue des Trois-Cailloux, 44.

Février 1849.

I.

Je n'aime pas les ouvrages de longue haleine, aussi bien par paresse d'esprit que parce qu'il m'est certain combien les intelligences saisissent avec plus de facilité ce qui leur est présenté en quelques pages. Et, d'ailleurs, je n'entends point faire un livre, je crois seulement faire acte de bon citoyen en livrant à la publicité plusieurs idées que je pense utiles à la solution de la question du droit au travail.

S'il en est aujourd'hui parmi les hommes de bonne volonté qui se sentent une opinion ferme et logique sur ce sujet comme sur tous autres de même nature, qu'ils apportent avec moi leur pierre; tous ensemble nous bâtirons l'édifice.

Cette question est grave, en effet, et de la plus haute importance. Agitée principalement depuis la révolution de février, elle a été écartée bientôt à l'aide des menées et des hauts cris de la réaction, par nos hommes politiques. Mais *écarter* n'est pas *résoudre*. Demain, peut-être, elle va se redresser encore, terrible et pressante, réclamant une solution au nom de l'innombrable classe de travailleurs et des prolétaires.

Que répondrez-vous alors? bourgeois, conservateurs aveugles? Vous vous en êtes assez bien tiré cette fois, en criant : « A bas les utopistes ! malédiction aux républi- » cains rouges, à ceux qui veulent porter une main sacri- » lége sur la famille, sur la propriété, sur la société ! » Et avec cette espèce de Croquemitaine fantasmagorique, vous avez ébloui et terrifié les masses, parce que les masses sont ignorantes. Mais si les prolétaires et les travailleurs manquent de l'instruction que vous leur avez toujours refusée, et pour cause !..... Et si, par suite, ils se laissent endormir à vos promesses et à vos belles paroles, en revanche, la souffrance et la misère les aiguillonnent, et, aux grands jours de bouleversements, ils sont bientôt relevés, plus hauts et plus forts que vous.

Le peuple est logique, sachez-le bien ! il ne tardera pas

à reconnaître que vous l'avez grossièrement trompé en prétendant que la reconnaissance du *droit au travail* dans la Constitution était l'*anéantissement de la propriété.*

Vous qui me lisez, soyez de bonne foi ; consentez à déposer pour un instant ce que vous avez lu dans les journaux et entendu répéter dans les rues et les places publiques : « Inscrire le droit au travail dans la Constitution, c'est anéantir la propriété. » Car c'est là un mensonge et une erreur. Si pourtant, après avoir lu ces quelques pages, vous n'êtes pas convaincus, je ne dis pas de la manière dont le droit doit recevoir application ; mais de l'incontestabilité du droit lui-même, il vous sera toujours loisible de reprendre vos anciennes opinions.

Cette question, comme toutes celles d'*économie politique*, doit être envisagée sous deux faces : d'abord au point de vue *théorique*, parce que lorsqu'une question de cette nature est résolue affirmativement en droit, elle prend place au rang des problèmes à résoudre par l'humanité et la civilisation, et ne peut plus être qualifiée d'utopie ; ensuite au point de vue *pratique* pour arriver à trouver son application dans la société.

Nous avons donc à examiner la question :

1° Au point de vue théorique, c'est-a-dire, si le droit au travail est un droit réel et imprescriptible ;

2°. Au point de vue pratique, c'est-à-dire ,comment ce droit peut-il recevoir son application.

Je ne crois pas qu'un esprit logique et sérieux hésite sur la première partie. Tous les hommes, en effet, doivent tomber d'accord sur des principes vrais, et celui-ci en est un s'il en fut jamais. Quant à la seconde partie, je n'ai nullement la prétention de faire admettre comme ex cellente en tous points la solution que je propose ; je reconnais, en effet, qu'unanimes pour les principes, les intelligences sont divergentes pour les faits et la pratique. Aussi, quand je parle de ma conviction sur le premier point, je dis : « *C'est la vérité.* » Et de mes idées sur le second, je dis seulement : « *C'est mon opinion.* »

II.

DU DROIT AU TRAVAIL

AU

POINT DE VUE THÉORIQUE.

———————

Le droit au travail est un droit aussi réel, aussi imprescriptible que celui de vivre ; l'un est le corollaire de l'autre. Vivre de son travail, est la seule condition rationnelle ; vivre de son revenu est une position exceptionnelle Le cas le plus fréquent, le plus nonormal est celui où l'homme gagne sa vie par son travail. Pour pouvoir vivre, il faut donc que l'homme trouve à travailler, à gagner un salaire suffisant pour satisfaire à ses besoins sérieux.

DROIT AU TRAVAIL... DROIT DE VIVRE EN TRAVAIL-LANT... L'homme a DROIT AU TRAVAIL... L'homme a DROIT DE VIVRE EN TRAVAILLANT. Je répète, parce qu'énoncer ces choses, c'est, ce me semble, les prouver : L'HOMME A DROIT DE VIVRE... entendez-vous bien, messieurs les bourgeois, propriétaires et rentiers, L'HOMME A DROIT DE VIVRE... Mais comme chacun n'a pas des revenus et des rentes, j'ajoute : EN TRAVAILLANT, en gagnant sa vie par son industrie et ses efforts, c'est-à-dire par son travail.

Une société dans laquelle un seul homme (je n'ose dire des populations entières) ne trouve pas à travailler, alors qu'il est valide et qu'il s'offre pour être employé, parce qu'il a bon vouloir de gagner sa vie et les moyens d'exister, est une société mal organisée ; une société mal organisée doit être réformée et modifiée. La société française est dans ce cas.

Que dire de plus !... J'ajouterai pourtant une simple observation relative au préambule de la Constitution de 1848, où n'a pas été inscrit le droit au travail, mais le droit à l'assistance : on n'a pas voulu reconnaître à l'homme le droit de vivre *en travaillant* et on a constaté celui qu'il a de vivre

avec l'*assistance publique*, c'est-à-dire *sans travailler*.
Etrange aberration d'esprit !...

J'ajouterai que, quand le prolétaire est assez noble pour
comprendre que si l'aumône élève celui qui la fait, elle
avilit celui qui la reçoit, il s'insurgerait avec raison contre une société où il n'aurait pas le droit de vivre, parce qu'il
n'en aurait pas les moyens ; et il inscrirait sur son dra-
peau, d'après les règles de la logique la plus irréfutable :
« Vivre en travaillant ou mourir en combattant. »

Ce droit est une nécessité sociale, conséquence du droit
de propriété et résultat de la civilisation. Au nom de quels
principes et de quelles régles la société voudrait-elle s'en
affranchir ? Les devoirs, conséquence des droits impres-
criptibles, doivent être accomplis, tels grands que soient
les sacrifices. Il y a lâcheté et folie de la part de nos hommes politiques à vouloir les éluder.

Si le droit au travail n'a pas été inscrit dans la Constitution, c'est parce que nos législateurs n'avaient pas
trouvé le moyen d'en consacrer l'exercice et ont craint
ainsi de placer dans les mains des travailleurs une lettre
de change toujours exigible, dont l'Etat n'aurait pas pu
se libérer ; c'est encore que la demande en était faite par
les socialistes et qu'il s'est trouvé parmi eux un esprit ori-
ginal ne réclamant que la reconnaissance pure et simple de
ce droit pour arriver à l'abolition de la propriété. Or,
effrayée d'une telle déclaration, et encore sous le coup de

l'impression de terreur produite par les événements de juin, l'Assemblée nationale a éludé la question, laissant à ses succosseurs le soin de la résoudre, et a remplacé le droit au travail par le droit à l'assistance. Nous verrons, toutefois, dans la deuxième partie de cet opuscule, que la propriété ne se trouve nullement ébranlée par la reconnaissance du droit, quelle en serait, au contraire, consolidée, affermie, parce que la question, une fois résolue, donnant satisfaction aux légitimes besoins de la classe la plus nombreuse de notre société, celle des travailleurs, offrirait pour l'avenir des gages de sécurité et de paix, et fermerait, peut-être pour longtemps, l'ère des révolutions ; nous verrons également, que sous le rapport des obligations à contracter par la société, la créance donnée aux prolétaires est aussi énorme et aussi imminante avec le droit à l'assistance qu'avec le droit au travail.

III.

DU DROIT AU TRAVAIL

AU

POINT DE VUE PRATIQUE.

La solution de la question au point de vue pratique , c'est la création d'Ateliers nationaux, c'est-à-dire l'entreprise par l'Etat de grands travaux d'utilité publique, comme chemins de fer, canaux, routes, chemins, reboisement des montagnes, irrigations, défrichement des terres incultes, desséchement des marais, confection des armes et machines de guerre, des vaisseaux, des cordages ; des habits , des chapeaux , des souliers pour les troupes ; des palais et des monuments publics, etc., etc., toujours ouverts et en cours d'exécution, où les bras des travailleurs inoccupés par suite de chomage d'industrie particulière trouveraient à s'employer. Ces travaux coûtent à l'Etat, mais ils lui rapportent en produisant des revenus réels ou en augmentant la richesse publique. Et, pour en terminer avec la question de la dépense, je demanderai si l'argent employé en aumônes distribuées aux travailleurs valides ne recevrait pas une destination plus fructueuse et plus convenable, en servant à solder des entreprises productives ?

Qui fait ou qui doit faire des aumônes ? Les gens aisés ! Qui paierait ces travaux ? Les gens aisés , à qui la charge en serait imposée au moyen d'un impôt particulier.

Pour faire bien comprendre le système que je propose et l'exposer d'une manière plus rapide, je vais prendre un exemple.

Supposez l'industrie de la filature en chômage ; les ateliers particuliers sont fermés et les ouvriers congédiés. Ces derniers vont trouver une commission municipale instituée à cet effet dans chaque commune ou au moins dans chaque canton, pour lui demander du travail. La commission municipale s'entend avec la direction de l'atelier national *le plus voisin* où des travailleurs peuvent être nécessaires, et les ouvriers fileurs inoccupés reçoivent leur destination en conséquence.

A l'atelier national, les ouvriers devront travailler suivant leurs forces et leurs capacités, et leur salaire sera proportionné à leur travail. Il en est ainsi dans tous les ateliers privés ; je ne vois point pourquoi il n'en serait pas de même dans un atelier public. La difficulté n'est pas plus grande ici que là.

Tout ouvrier ne voulant point travailler ou empêchant les autres ouvriers de travailler, serait renvoyé de l'atelier national, de même qu'il l'eût été d'un atelier privé.

Et, comme nous supposons son industrie en chômage, et partant nulle occupation possible, s'il n'a point de ressources personnelles, attendu que tout individu dépourvu de ressources et de travail, ne peut se substenter qu'à l'aide de moyens illégitimes, la société qui doit se mettre en garde, prendra vis-à-vis de lui telles précautions que de droit.

Lorsque le filateur, par suite de cnmmandes de travaux à exécuter, aura besoin d'ouvriers et qu'il ne s'en présentera pas à son atelier, il s'adressera à la commission municipale qui, elle-même, se remettra en rapport avec la direction de l'atelier national, entre les mains de laquelle existera un recencement des ouvriers employés par profession. Les ouvriers spéciaux cesseront de travailler au compte de l'Etat qui ne leur doit plus rien puisqu'un particulier a besoin de leurs bras.

Quant aux hommes de mauvais vouloir et qui refuseraient de reprendre les travaux de leur industrie, ils seraient congédiés de l'atelier national, puisqu'en conséquence du droit au travail, un citoyen ne peut exiger d'être employé par l'Etat que quand les particuliers ne sont pas en mesure de lui procurer une occupation. A eux s'appliquent les réflexions faites plus haut pour les ouvriers refusant de travailler.

Aucun travail ne serait dû aux ouvriers en grève ; leurs différents avec les patrons seraient réglés sans retard par les prud'hommes.

IV.

Voilà mon système. Je suis loin de le croire exempt de reproches, mais pourtant je pense qu'il répond aux principales exigences de la situation et qu'on peut y trouver la réfutation des plus fortes objections faites au droit au travail et à l'établissement des ateliers nationaux.

C'est ce que je vais m'efforcer d'exposer le plus sommairement possible en allant au devant de ces objections.

Ces objections, je les indiquerai comme je les ai entendu faire et comme je les ai rencontrées moi-même, en tout état de cause, avec la sincérité et la loyauté dont un homme profondément convaincu peut être susceptible.

Les voici :

1°. Le droit au travail est l'anéantissement de la propriété.

Où donc a-t-on vu une semblable conséquence ? La

fortune des particuliers ne se trouverait-elle pas, au contraire, sauvegardée par l'augmentation du bien-être des travailleurs non propriétaires et par la possibilité où seraient ces derniers d'acquérir eux-mêmes et de posséder? Car l'augmentation du bien-être n'aurait-elle pas pour eux cette conséquence logique et immédiate. Affranchis des dures nécessités du chomage, les prolétaires ne verraient plus toutes les économies réalisées aux époques où le *commerce va*, comme l'on dit, servir à payer les dépenses de la morte saison et des jours de crise. De ce qu'il serait possible à un plus grand nombre de citoyens de posséder, s'en suivrait-il que la propriété de chacun serait moins solide? Au contraire, je trouve là des gages de sécurité et de jouissance paisible pour les possesseurs. La division de la propriété, la multiplication du nombre de possesseurs est une garantie de force et de paix.

2°. On ne peut reconnaître le droit au travail dans le pacte politique fondamental, parce que cette reconnaissance obligerait l'Etat à fournir du travail aux ouvriers inoccupés; résultat auquel il ne pourrait atteindre qu'en devenant industriel lui-même, et artisan, filateur, tisserand, charron, cordonnier, etc.

Qu'est-ce à dire?... L'Etat doit du travail aux citoyens qui en manquent, mais il ne doit pas un travail spécial à chaque ouvrier spécial, une occupation particulière à chaque industrie, particulière. Pourvu que les ouvriers inoccupés puissent trouver travail et salaire, qu'importe la nature de la tâche? Il vaudrait mieux, certes, qu'il en fut autrement, mais nul n'est tenu au-delà du possible. Ce serait absurde de demander à l'Etat d'entreprendre la confection d'objets particuliers quand il y a chomage, c'est-à-dire quand les marchés regorgent de ces mêmes objets. Et d'ailleurs, établir l'Etat concurrent des industries privées, serait amené peut-être la ruine de celui-là ou de celles-ci. *Peut-être*, car nous avons déjà vu l'Etat, et nous le voyons encore en concurrence avec les particuliers : les *Messageries nationales,* les *hauts fourneaux d'Indret*, en sont des exemples. Je dis même que quand il en est ainsi l'intérêt des consommateurs n'est pas livré à la merci des exigences et de la rapacité privées.

J'ajouterai, pour répondre à une objection tirée de l'incapacité et de l'inaptitude des ouvriers, que les entreprises d'utilité publique, comme celles dont nous parlions plus haut, peuvent n'être qu'ébauchées par les artisans de nature diverses et être parachevées par les ouvriers capables et aptes à les terminer.

3°. Les ateliers nationaux coûteraient des sommes énormes.

Eh! croyez-vous donc que les aumônes privées n'atteignent pas un gros chiffre ? Vous ne me demanderez pas de m'étendre sur ce sujet : jetez les yeux autour de vous, examinez ce qui se passe journellement. La répartition équitable d'un salaire ne mettrait-elle pas, tout au contraire, un terme à la dilapidation de l'argent distribué par les soins de la charité privée ?

4°. Les ateliers nationaux ne produisent que des résultats insignifiants.

Oui, lorsque leur organisation est vicieuse comme était celle des ateliers créés à la hâte au lendemain de la révolution de février et lorsque les travaux à exécuter sont eux-mêmes insignifiants, comme *le nivellement du Champ-de-Mars !* Une bonne organisation, une direction intelligente et des projets utiles, voilà le moyen d'obtenir des résultats importants et avantageux.

5° Pourquoi donner aux ouvriers le droit d'exiger du travail, quand la société ne leur refuse point de secours ?

Pourquoi ? parce que vos secours c'est l'aumône. Et, pour répondre à cette objection, je vous poserai une question, à vous, honorable citoyen, qui me la faites. Dénué de ressources et de travail, préféreriez-vous un salaire gagné à une aumône obtenue dans l'inaction ?... Vous rougissez et vous baissez les yeux... Et croyez-vous que le malheureux, contraint d'implorer l'assistance publique , ne rougisse pas et ne baisse pas les yeux, lui aussi?... J'en connais beaucoup pour qui les tortures et les angoisses de la faim!. . la mort!... seraient préférables à la honte !

Vous comprendrez peut-être comment l'aumône ne remplace pas le salaire, si toutefois , sous vos habits de drap fin, il y a encore autant de dignité et de noblesse d'âme qu'il s'en rencontre souvent sous la blouse du travailleur.

6° Les ouvriers de certaines industries, les hommes employés aux professions libérales, les artistes ne consentiront jamais à manier la bêche et la pioche; ce sont des travaux trop pénibles.

Ah! ils ont les mains bien délicates! Prenez-vous en d'abord à notre éducation première trop efféminée. Et quoi encore! je connais de bien grands artistes et de bien gros seigneurs qui font d'occupations analogues leurs distractions et leur passe-temps. Quand l'armée est employée à des travaux semblables avez-vous jamais protesté ? Avez-vous jamais invoqué des principes d'humanité derrière lesquels, Messieurs les législateurs monarchistes, vous vous retranchez aujourd'hui ? Et pourtant dans les rangs de l'armée il y a de nobles hommes et des constitutions délicates.

La besogne vous paraît peut-être trop vile ? N'est-ce que

cela? Prenez patience ; la qualité des travailleurs rehaussera la profession et l'ennoblira. Il y aura un préjugé absurde de moins dans la société.

7° Si vous offrez vos travaux loin des villes, les ouvriers refuseront de s'y rendre. « *On prendra les armes pour ne pas quitter Paris,* » dit M. Thiers dans ses sophismes touchant la propriété.

Oui, on prendra les armes pour ne pas quitter Paris et aller en Sologne, si l'on sait que là-bas il n'y a ni logement ni pain préparés, et si les populations attendent les nouveaux arrivants avec des sentiments hostiles, disposées à les recevoir à coups de fusil ! On prend les armes , M. Thiers, pour ne pas aller à une boucherie ou être exposé à mourir de faim !

Au surplus, cette argumentation à l'endroit des journées de juin, n'a guère de force ; ces déplorables événements ont eu d'autres causes que le refus des ouvriers des ateliers nationaux de quitter Paris.

Soyons donc bien plutôt persuadés que les ouvriers inoccupés ne refuseront point de se rendre à leurs destinations en temps normal, quand ils seront certains que l'Etat et la société ont pris leurs mesures pour les y recevoir ;

quand ils ne s'y rendront point comme une armée , mais par petits groupes, suivant les nécessités de la situation.

J'aperçois même dans ce déplacement des ouvriers urbains un avantage que je m'empresse de signaler, car il me paraît un premier pas fait dans la solutiou d'une question également grave, agitée aussi de nos jours ; je veux parler de l'émigration des campagnes vers la ville. Combien souvent, en effet, un ouvrier déplacé avec sa femme, ses enfants, pour aller travailler à un atelier national, prendra goût aux occupations agricoles et à la vie des champs, se plaira dans sa nouvelle résidence et ne reviendra plus se fixer à la ville ?

8° Les ateliers nationaux sont des foyers d'insurrection.

C'est possible ; mais l'agglomération d'ouvriers oisifs est encore bien plutôt dangereuse pour la tranquillité publique et j'aime mieux voir cinq ou six mille ouvriers occupés et travaillant que cinq ou six cents flâneurs sur une place publique, cherchant aventure et désordre. La réfutation de l'objection est dans un proverbe bien connu : « *L'oisiveté est mère de tous les vices.* »

9° Les ouvriers profiteront d'un travail toujours assuré pour quitter leurs ateliers et demander des augmentations de salaire ; en un mot, se mettre en grève. De là la ruine inévitable des industries privées.

Non, car je propose de fermer les ateliers nationaux aux ouvriers en grève. En effet, en vertu du droit au travail, l'Etat ne doit occupation et salaire qu'en l'absence et à défaut des particuliers ; il ne pourrait lui en être demandé en cas de grève où il y a travail offert par des particuliers.

Les difficultés amenant grève peuvent fort bien être résolues, pour me servir d'une expression judiciaire, sommairement et comme matière urgente, par des jurys de prud'hommes, composés mi-partie d'ouvriers et mi-partie de patrons.

10º Les ouvriers employés aux ateliers nationaux refusent de reprendre leurs travaux spéciaux quand les patrons ont besoin de leurs bras.

Cette objection est presque la même que celle qui précède, avec le système que je propose, elle tombe et devient sans effet. L'Etat ne doit plus de travail à l'ouvrier que réclame son industrie particulière. S'il a des ressources, il est libre de ne point travailler. S'il n'en a pas, il doit choisir entre les mesures coercitives de la société ou un travail privé.

11º Vous paraissez, me dira-t-on, faire bon marché de la liberté individuelle ?

J'estime et respecte la liberté individuelle autant que qui que ce soit au monde. Mais invoquer la liberté dans ce cas, c'est un sophisme ; car il ne devrait pas être nécessaire de rappeler que la liberté n'est pas le droit de faire arbitrairement toutes ses volontés. La liberté personnelle a pour limite et pour règle l'intérêt général et la sûreté d'autrui. Or, l'intérêt général et la sécurité de la société réclament les mesures que je propose contre un individu valide dénué de travail et de ressources personnelles, qui, comme je le dis plus haut, ne peut se substenter qu'à l'aide de moyens illégitimes.

V.

La question du droit au travail a été nettement posée par la révolution de février. Elle est une de celles qui lui donnent le caractère SOCIAL que nous lui prétendons avoir. Si vous voulez clore la révolution, résolvez la question, sinon n'espérez pas revoir venir crédit et commerce prospères ; cela n'est pas possible.

En voulez-vous la preuve?

On a demandé la chute du gouvernement provisoire, la commission exécutive devait ramener la confiance.

On a demandé la chute de la commission exécutive, le général Cavaignac rappelait le crédit.

On a demandé la chute du général Cavaignac, Louis-Napoléon devait donner de l'activité au commerce.

On demande la dissolution de la Constituante, l'Assemblée législative est la condition de la reprise des affaires.

On demandera demain le renversement de la République parce que, prétend-on, cette forme de gouvernement est incompatible avec la tranquillité et la prospérité.

Aveugles! qui ne voyez point que la République n'est pour rien dans le calme plat du commerce et l'agonie du crédit! L'Autriche, la Prusse, l'Italie sont en momarchie, croyez-vous que la révolution n'y aille pas son train comme en France?

Malgré les efforts des rois la démocratie avance ; avec le temps nous, ou sinon nous nos enfants, ou sinon nos enfants leurs descendants arriveront au but. L'avenir nous appartient !

Vous tous donc qui avez confiance dans cette révolution; vous qui comprenez la force et la vertu des institutions républicaines, alors même qu'elles sont entravées par les ennemis du peuple, espérez et prenez courage! Car, pour terminer, j'entends vous faire le compte des républicains nos amis et des réactionnaires nos ennemis.

Vous reconnaîtrez avec moi comme républicains sérieux et sincères les citoyens qui ont voté pour Raspail au 10 décembre. Ils sont, si j'ar bonne mémoire, trente et quelques milliers, ci   30,000

Pareillement ceux qui ont donné leurs suffrages à Ledru-Rollin, au plus bas, trois cent soixante-dix mille, ci   370,000

Vous m'accorderez bien, comme excellents républicains, la moitié des citoyens qui ont donné leurs voix au général Cavaignac, ils étaient quatorze cent mille; ci, pour nous   700,000

Vous me permettrez encore de prendre quelques voix seulement, un sixième environ, parmi les innombrables adorateurs du grand nom de Napoléon. Ils n'en sont pas moins bons républicains pour cela, et peut-être même les meilleurs! ci   900,000

Total des Républicains   2,000,000

On compte en France 9,000,000 d'électeurs. Beaucoup de gens sensés en retrancheraient la moitié afin de faire la part des invalides et des malades, des voyageurs et des gens affairés ; des Rogers-Bontemps et des indifférents, des jeunes mariés et des amoureux, des égoïstes et des poltrons, et

A reporter.   2,000,000

Report.	2,000,000
le nombre en est grand : ci	4,500,000
Total encore.	6,500,000
Jusqu'à	9,000,000
Il reste	2,500,000

Citoyens à partager entre Napoléon, Henri V et Joinville ou la Régence, soit à chacun d'eux, 833,333 1/3.

Messieurs les monarchistes vous pouvez essayer de renverser la république ; je ne suis pas trop inquiet sur son sort.

Vous pouvez crier : « Vive le roi ! » pour vos prétendants, nous vous répondrons par le cri de :

Vive la République démocratique et sociale !

ᘥᘥᘥᘥᘥᘥᘥᘥᘥᘥ

Amiens. — Imp. d'Alfred Caron.

www.ingramcontent.com/pod-product-compliance
Lightning Source LLC
Chambersburg PA
CBHW070755210326
41520CB00016B/4702